Les chocolats de Moche-Moche

Mijote Dodu

Moche-Moche

md

Moche-Moche est
le petit ami de Mijote.

Mijote adore Moche-Moche.

Il est si joli
avec sa chemise sale
et sa cape à motifs
de taches de vache.

Samedi, c'est la fête
de Moche-Moche.

Mijote part avec sa sacoche
à la chocolaterie
de madame Chichi.

Mijote achète
des barres de chocolat
à la bave de momie.

« C'est le chocolat favori
de Moche-Moche ! »
dit-elle à madame Chichi.

Mijote sort
de la chocolaterie
avec le sac de barres
de chocolat.

Sitôt arrivée, elle le cache
à côté du sofa.

Mijote chuchote à Dodu :
« Chut ! Ne le dis pas.
J'ai caché les chocolats
à côté du sofa. »

Puis, Mijote se dépêche
de finir le repas.

Oh oh !
Elle n'a pas vu Dodu.

Il mâche les chocolats
à côté du sofa.

Moche-Moche arrive.

« Bonne fête ! » lui dit Mijote.

Mijote donne le sac
de chocolats à Moche-Moche.

Oh ! Le sac est vide.

Moche-Moche est déçu.
La fête est gâchée.

Mijote chicane Dodu.

Elle lui dit :
« Sale petit chat !
Tu te lèches les babines.
Tu as dévoré les chocolats ? »

Mijote est fâchée.

Dodu est désolé.

Dodu a une idée !

Il dit :
« Bave de momie,
pipi de rat,
caca de cheval séché,
sirop de chocolat...
Chocochi, chococha,
chocolat ! »

La fête n'est pas gâchée !

Moche-Moche mâche
les chocolats de Dodu
et se lèche les babines.

Mijote est ravie !

Les chocolats de Moche-Moche

Mijote Dodu

Moche-Moche

Moche-Moche est
le petit ami de Mijote.

Mijote adore Moche-Moche.

Il est si joli
avec sa chemise sale
et sa cape à motifs
de taches de vache.

Samedi, c'est la fête
de Moche-Moche.

Mijote part avec sa sacoche
à la chocolaterie
de madame Chichi.

Mijote achète
des barres de chocolat
à la bave de momie.

« C'est le chocolat favori
de Moche-Moche ! »
dit-elle à madame Chichi.

Mijote sort
de la chocolaterie
avec le sac de barres
de chocolat.

Sitôt arrivée, elle le cache
à côté du sofa.

Mijote chuchote à Dodu :
« Chut ! Ne le dis pas.
J'ai caché les chocolats
à côté du sofa. »

Puis, Mijote se dépêche
de finir le repas.

Oh oh !
Elle n'a pas vu Dodu.

Il mâche les chocolats
à côté du sofa.

Moche-Moche arrive.

« Bonne fête ! » lui dit Mijote.

Mijote donne le sac
de chocolats à Moche-Moche.

Oh ! Le sac est vide.

Moche-Moche est déçu.
La fête est gâchée.

Mijote chicane Dodu.

Elle lui dit :
« Sale petit chat !
Tu te lèches les babines.
Tu as dévoré les chocolats ? »

Mijote est fâchée.

Dodu est désolé.

Dodu a une idée !

Il dit :
« Bave de momie,
pipi de rat,
caca de cheval séché,
sirop de chocolat...
Chocochi, chococha,
chocolat ! »

La fête n'est pas gâchée !

Moche-Moche mâche
les chocolats de Dodu
et se lèche les babines.

Mijote est ravie !